AF186572

Liebe Leserinnen, liebe Leser,

die Liebe hat viele Facetten und Ausprägungen. Diesen Gedichtband habe ich daher der Liebe zu Mensch, Tier und zu sich selbst gewidmet incl. aller Irrungen und Wirrungen, die die Liebe mit sich bringt.

Ich wünsche wieder allen Lesern viel Freude damit.

Ihre

Heike Boeke

Heike Boeke

Liebesgedichte

Bibliografische Information der Deutschen Nationalbibliothek:
Die Deutsche Nationalbibliothek verzeichnet diese Publikation in der Deutschen Nationalbibliografie; detaillierte bibliografische Daten sind im Internet über http://dnb.dnb.de abrufbar.

Illustration: **Heike Boeke**

Herstellung und Verlag: BoD – Books on Demand, Norderstedt

ISBN: 9 783750 481534

Inhalt

Liebesschwur

Ich schwöre Treue ewiglich,
und lieben werde ich nur dich.

Ich schwöre immer da zu sein,
zu schützen dich vor jeder Pein.

Ich schwöre, dass du nie allein,
und, dass wir immer uns verzeihn.

Ich schwöre, dass ich teil mein Gut,
und nie erlischt die Liebesglut.

Ich schwöre, dass wir niemals stumm,
mag unsre Rede noch so dumm.

Der Liebesschwüre jetzt ein Ende,
denn Taten sprechen mehr, als Bände.

Liebeswerbung

Manch Werbung mag erst noch gelernt,
weil mancher sich davon entfernt.

Denn wahre Werbung kostet Mut,
beherrschen muss man seine Glut.

Erst Blicke wechseln, lächeln dann,
damit sie ist in deinem Bann.

Erste Worte fühlen vor,
zu schauen, ob sie leiht das Ohr.

Spendier sodann vielleicht nen Drink,
in ihrem Blick dann tief versink.

Und, wenn es klappt, sodann dich freu,
vorm nächsten Schritt
dich dann nicht scheu.

Liebesglück

Ein Blick, es war um mich geschehen,
es kribbelte in meinen Zehen.

Mein Herz,
es schlug voll Glück ganz laut,
als sie mir in die Augen schaut.

Es wurd mir innerlich ganz warm,
als sie mich nimmt in ihren Arm.

Ich jauchze auf, am Glück mich labe,
an das geglaubt ich nicht mehr habe.

Doch jetzt scheint es in hellem Licht,
weil Liebesglück die Bahn sich bricht.

Urlaubsliebe

Die Sonne spiegelt sich im Meer,
der Wein liegt auf der Zunge schwer.

Musik von Weitem leis erklingt,
Leichtigkeit
sich durch die Lüfte schwingt.

Die Sorgen plötzlich klein und nichtig,
ganz andre Dinge sind jetzt wichtig.

Losgelöst von allen Sorgen,
gar nicht denken an den Morgen.

Liebestaumel in der Ferne,
denkt man nicht zurück nach Herne.

Jetzt nur will man es genießen,
Urlaubsliebe hier begießen.

Liebeslied

Melodie greift an mein Herz,
in mir ist ein großer Schmerz.

Tränen laufen über Wangen,
ach wie groß ist mein Verlangen.

Liebeslied hält mich gefangen,
warum ist er fortgegangen?

Ließ mich hier zurück alleine,
tröstend Worte fand ich keine.

Doch Melodie gibt wieder Mut,
verraucht ist auch jetzt meine Wut.

Was soll's, zu grübeln höre ich nun auf,
und mir nen schicken Hut nun kauf.

Damit geh ich dann auf die Gasse,
und meinen Schmerz
nicht merken lasse.

Geldliebe

Die Augen gierig,
die Hände schmierig,
der Speichel läuft,
Geld angehäuft.

Zügellos in seinem Tun,
vor lauter Gier er kann nicht ruhn.

Er will nur immer noch viel mehr,
denn Geld verdienen
scheint nicht schwer.

Er zieht die andren übern Tisch,
ist aalglatt wie ein kalter Fisch.

Das scheint mir echte Liebe nicht,
wenn zeigt die Geldgier ihr Gesicht.

Landliebe

Hochgelobt das Land wird dann,
wenn Stadt man sich nicht leisten kann.

Hochgelobt wird es nicht mehr,
wenn auf dem Land zu leben schwer.

Wenn Einkauf wird zur Weltenreise,
wenn nur noch leben dort die Greise.

Wenn Arzt und Apotheke fort,
und nichts zu finden mehr am Ort.

Zum Land
die Liebe dann bald schwindet,
wenn nichts am Ort mehr einen bindet.

Vaterlandsliebe

Viel Opfer wurden ihm gebracht,
die fielen in so mancher Schlacht.

Das Vaterland nicht Gnade fand,
weil falsche Worte nicht erkannt.

Aus falscher Liebe Unglück kam,
das Vaterland manch Sohn es nahm.

Technik-Liebe

Wie Wunderwelt es mutet an,
was Technik alles leisten kann.

Der Mensch ist völlig fasziniert,
in bunten Knöpfen sich verliert.

Funktionen gibt's im Überfluss,
für manchen sind sie ein Verdruss.

Erklärung man oft nicht versteht,
schier über den Verstand sie geht.

Doch Technikfreaks, die sind verliebt,
weil Technik ihnen alles gibt.

Nächstenliebe

Manch Mensch
ist wahrlich nicht zu lieben,
wenn er von Hass ist nur getrieben.

Mit Neid und Niedertracht gefüllt,
mir wirr Gedanken gar vermüllt.

Getrieben von der Sucht nach Geld,
zu leben nur wie's ihm gefällt.

Dann fällt die Nächstenliebe schwer,
wenn ist zum Nächsten gar nicht fair.

Doch Halt - so soll es doch nicht sein,
man soll dem Nächsten doch verzeihn.

Daher die Nächstenliebe übe,
dein Seelenheil so nicht betrübe.

Auch du kannst Fehler auf dich laden,
dann ohne Liebe gehst du baden.

Gottes Liebe

Ein Loblied möcht auf Gott ich singen,
der uns beschenkt mit vielen Dingen.

Der täglich uns die Sonne schenkt,
und vieles auch zum Guten lenkt.

Der lässt uns atmen, gibt uns Leben,
vergibt so manches böses Streben.

Der hilft uns, wenn in großer Not,
und oft uns einen Ausweg bot.

Jedoch die Liebe nicht verdient,
denn was wir tun sich nicht geziemt.

Vernichten seine Schöpfung hier,
durch unser aller hässlich Gier.

Zerstören unser aller Welt,
weil wir nur streben nach dem Geld.

Doch platzt ihm sicher
 bald der Kragen denk ich dann,
er lang gewiss nicht zusehn kann.

Dann ist´s mit Gottes Liebe bald vorbei,
die Menschheit dann ihm einerlei.

Mutterliebe

Ein Baby in der Wiege liegt,
bei Mutter wird's im Arm gewiegt.

Mit Argusaugen es bewacht,
mit Liebesküssen auch bedacht.

Die Mutterliebe nie versiegt,
das in den Muttergenen liegt.

Wenn Tränen rollen ist sie zur Stelle,
stets hat sie was für alle Fälle.

Auch, wenn das Kind erwachsen dann,
nicht Mutterliebe enden kann.

Vaterliebe

Des Vaters Brust ist stolz geschwellt,
wenn Sohn er in den Armen hält.

Das Ebenbild von ihm ist er,
das zu erkennen fällt nicht schwer.

Er hält ihn fest an seiner Hand,
und spürt zu ihm ein festes Band.

Er gibt ihm Kraft und stärkt den Mut,
und trotzdem ist er auf der Hut.

Die Vaterliebe, die gibt Kraft,
wenn Kind glaubt,
das es was nicht schafft.

Kinderliebe

Wahrhaftig, ohne Hinterlist,
die wahre Kinderliebe ist.

Aus großen Augen schaut sie an,
man niemals ihr gerecht sein kann.

Sie ist so klar und unverstellt,
bekommen kann sie nicht für Geld.

Sie wird geschenkt,
und das von Herzen,
drum füg ihr zu nicht viele Schmerzen.

Denn, wenn enttäuscht sie dereinst ist,
die Kinderliebe dann vermisst.

Tierliebe

Tierliebe zeigt sich oftmals dann,
wenn man auf Fleisch verzichten kann.

Denn auch ein Tier, das möchte leben,
und Glück darin auch noch erleben.

Es möchte wachsen, sich verlieben,
mitunter folgen auch den Trieben.

Es möchte spielen, faxen machen,
mit seinen Kindern herzhaft lachen.

All das jedoch verwehrt ihm der,
dem der Verzicht auf Fleisch
fällt schwer.

Affenliebe

Du klammerst an mir, wie ein Affe,
ich kaum mir eignen Raum verschaffe.

Kann atmen nur in höchster Not,
und mein Gesicht ist schon ganz rot.

So eng die Liebe uns verbindet,
so wenig Freiraum man dort findet.

Drum lass der Liebe auch mal Raum,
nicht ständig häng an meinem Saum.

Ja, wahre Liebe lässt auch los,
denn diese Liebe ist dann groß.

Liebespfad

Auf Liebespfad ich mich begebe,
nach großer Liebe ich nun strebe.

Ich mach mich schick
und pepp mich auf,
sogar nen Anzug ich mir kauf.

Dann geh ich Pfad um Pfad nun ab,
und fühl mich manchmal richtig
schlapp.

Doch eines Tages steht sie da,
solch Schönheit ich noch niemals sah.

Sie schaut mich an, ich schaut zurück,
begleite sie ein kleines Stück.

An einer Biegung bleibt sie stehen,
erwägt ihn jetzt allein zu gehen.

Ich schau sie an und halt sie fest,
sie führen jetzt von mir sich lässt.

So gehn wir jetzt gemeinsam weiter,
das Leben kann ja sein so heiter.

Verliebt

Die Ohren brennen, der Magen auch,
und stotternd steh ich auf dem Schlauch

Ich seh ihn an, mir fehlen Worte,
gerad welche von der richtgen Sorte.

Weich die Knie, ich werde rot,
welch lächerliches Bild ich bot.

Verzweifelt schau ich, bin verliebt,
doch plötzlich mir die Hand er gibt.

Er lacht mich an, sagt irgendwas,
mich einfach von ihm führen lass.

Wir drehen uns zu der Musik,
ich selig in den Armen lieg.

Und plötzlich sind sie da, die Worte,
gerad welche von der richtgen Sorte.

Liebesdienst

Mein Liebesdienst biet ich dir an,
weil ich dich doch gut leiden kann.

Die Hilfe, die ich dir erweise,
zeigt meine Liebe dir auch leise.

Will zeigen dir, dass ich dich mag,
und dich auf meinen Händen trag.

Will Freundlichkeit auch stets dir geben,
drum Liebesdienst ist mein Bestreben.

Ich zeig, wie wichtig du mir bist,
und deine Gegenwart vermisst.

Gekaufte Liebe

Gekauft wird Liebe allzu oft,
weil man verzweifelt auf sie hofft.

Gekaufte Liebe echt nicht ist,
denn nur an Geld sie sich bemisst.

Ist dieses Geld jedoch hinfort,
so wandert sie zum andren Ort.

Drum kauf dir Liebe nicht mit Geld,
weil sie nicht lange zu dir hält.

Lieblos

Lieblos in den Tag gegangen,
lieblos Arbeit nachgegangen.

Lieblos Menschen gegenüber,
die eigne Seele dadurch trüber.

Lieblos gegen Jedermann,
Leben da nicht schön sein kann.

Liebeslast

Welch Last die Liebe manchmal scheint,
wenn allzu oft man Tränen weint.

Wie schwer sie auf dem Herzen liegt,
wenn ihre Last nur noch obsiegt.

Denn Liebe kann erdrücken dich,
wenn nicht bewegen kann man sich.

Wenn man sich nur gefangen fühlt,
die Liebesflamme schnell abkühlt.

Flüchtige Liebe

Flüchtig kann die Liebe sein,
oftmals ist sie nur ein Schein.

Flüchtig, wie ein leiser Hauch,
der vergänglich ist, wie Rauch.

Flüchtig, wie ein Wolkenband,
das da zieht schnell übers Land.

Blütenknospe, die vergeht,
Parfümgeruch, der dich umweht.

So flüchtig kann die Liebe sein,
wenn ihre Kraft war noch zu klein.

Liebesroman

Die Augen tränennass und rot,
welch elend Bild ich doch hier bot.

Ein Schuft mein Held, ich les es hier,
getrieben wurd von seiner Gier.

Er ließ allein in ihrem Leid,
die doch so schöne blonde Maid.

Er ritt davon ganz ohn Gewissen,
wie sehr die Maid ihn wird vermissen.

Denn unter ihrem Busen liegt,
das Kind, das bald in einer Wiege liegt.

Dem Schuft jedoch, dem wars egal,
als er sich so von dannen stahl.

Liebespfand

Dies Liebespfand, das geb ich dir,
damit es dient zu deiner Zier.

Das Tuch geb ich dir zum Geschenk,
und mein Versprechen eingedenk.

Soll zeigen dir in Ewigkeit,
den Weg mit dir auf alle Zeit.

Wenn ich dann reite zum Turnier,
gibst Liebespfand dann wieder mir.

Mit Blut und Schweiß geb ichs zurück,
damit dein Herz ich dann verzück.

Geliebt

Ein jeder will geliebt doch sein,
selbst, der sich aufführt,
wie ein Schwein.

Geliebt zu sein, das ist das Ziel,
auch, wenn man einbringt selbst
nicht viel.

Selbst, wenn man Fehler hat gemacht,
und auch gelogen, dass es kracht.

So denkt man trotzdem frohgemut,
geliebt zu werden, das tut gut.

Egoist

Ein Egomane liebt nur sich,
versetzt dem andren gern nen Stich.

Sein Wohlbefinden ist ihm wichtig,
des andren Wunsch, der ist ihm nichtig.

Das Ziel gilt nur dem eignen Ich,
denn selbstverliebt zeigt er oft sich.

Die wahre Liebe ist das nicht,
wenn Egoist die Bahn sich bricht.

Liebeswahn

Im Liebeswahn ist man gefangen,
um Klarheit muss man daher bangen.

Man denkt, es geht nicht mehr allein,
doch Liebeswahn ist oftmals Schein.

Man spinnt sich mancherlei Geschichte,
doch Wahrheit kommt meist schnell
ans Lichte.

Der Wahn treibt daher seltsam Blüte,
vor Liebeswahn dich daher hüte.

Liebesnest

Will bauen uns ein Liebesnest,
in das du dich dann niederlässt.

Nur uns gehören wird es dann,
und niemand uns es stehlen kann.

Das Nest, Schutz soll es geben,
in ihm wir wollen glücklich leben.

Aus Liebe wurde es gewebt,
und Glück darin ist eingewebt.

Wir wollen stetig daran bauen,
und unsrer Liebe stets vertrauen.

Hassliebe

Ein Wechselbad, das ist die Liebe,
mal zieht sie an, dann stößt sie ab.

Trotzdem beenden möcht man's nicht,
weil, dann verliert man das Gesicht.

So schleppt man sich zusammen durch,
und fühlt sich manchmal arm,
wie'n Lurch.

Dann hasst man sich, das man verharrt,
weil man mitunter ganz vernarrt.

Dann liebt man inniglich und neu,
und denkt, der andre ist doch treu.

So wechselt man so hin und her,
doch sich zu trennen fällt wohl schwer.

Jugendliebe

Der Jugend Liebe ist so flüchtig,
und mancher ist danach gar süchtig.

Doch ist sie schnell und ohne Pflicht,
sie zeigt nur flüchtig ihr Gesicht.

Lässt sich nicht Zeit, will alles haben,
und hinterlässt so manche Narben.

Sie ist nicht treu und dauerhaft,
denn für die Dauer fehlt ihr Kraft.

Verpflichtung will sie nicht eingehen,
der Jugend Liebe wird vergehen.

Altersliebe

Nie hab gedacht, es könnt geschehen,
das mich die Liebe nochmal trifft.

Im Café hab ich dich gesehen,
als du genommen dort den Lift.

Ich traute mich und sprach dich an,
du lächeltest, zogst mich in Bann.

So lang nach Liebe Ausschau hielt,
und niemals hab Erfolg erzielt.

Doch jetzt in meinem hohen Alter,
erscheinst mir, wie ein bunter Falter.

Ich bin so glücklich und beschwingt,
dass mir das Glück noch einmal winkt.

So halt ichs fest und lass nicht los,
den diese Liebe, die ist groß.

Besuchen Sie auch meine Website

www.heike-boeke.de

Gedichte Mensch

ISBN: 978-3-7460-3383-9
Gedichte über und für Menschen

Gedichte Brücken

ISBN: 978-3-7528-1109-4
Gedichte Brücken und Wasserspiele

Gedichte Licht und Schatten

ISBN: 978-3-7481-7515-5

Gedichte Leben

Liebe das Leben
ISBN: 978-3-7494-6798-3

Oskar lebte in einer Welt voller Farben. Er liebte es mit Fingerfarben Kreise zu zeichnen. Kleine Kreise, große Kreise, gelbe Kreise, rote Kreise. Er schaute dann oftmals tief in sie hinein und sah dort eine Welt, die anderen Menschen verborgen blieb.

Oskar war stumm auf die Welt gekommen und konnte daher seine Erlebnisse, Wünsche und Träume nicht mit Kindern seines Alters teilen. Aber das störte ihn nicht. Er lebte in seiner Welt und nichts brachte ihn aus der Ruhe.

Seine Mutter machte sich oft Gedanken darüber, was wohl aus ihm werden würde, wenn sie nicht mehr da wäre. Wo würde ihr Oskar hingebracht werden? Oskars Vater hatte die kleine Familie aus Verzweiflung über die Hilflosigkeit seines Sohnes vor einem Jahr verlassen. Manche schlaflose Nacht verbrachte Else daher mit Grübeln.

Oskar sah gerade einen bunten Schmetterling am Fenster vorbeifliegen, an dem er stand und die spielenden Kinder vor dem Haus beobachtete. Seine Augen leuchteten strahlend, wie er so dem kleinen gelben Schmetterling hinterher sah. Was er wohl in diesem Moment dachte? Was hätte Else, seine Mutter, dafür gegeben, das zu erfahren.

Oskar dachte....

„Was, wenn ich solche bunten schönen Flügel hätte und einfach fliegen könnte, ...